Cathy Ytak

el arte de hacer pan

más de 40 recetas para realizar con la máquina de hacer pan

Fotografías: David Japy
Estilismo: Delphine Brunet

RBA

índice

Máquina de hacer pan: modo de empleo

Utilizar una máquina para hacer pan no tiene ningún secreto. Sea cual sea el modelo que utilicemos, basta con poner los ingredientes (pesados con precisión) en la cubeta según el orden que se recomiende en el modo de empleo de la máquina. Sin embargo, hay una norma que debe respetarse: **nunca hay que poner en contacto la levadura de panadería con la sal**. Para ello, sólo hay que poner el azúcar, la sal y la levadura, cada uno en una esquina de la cubeta (foto n.º 1).

El secreto está en la Th

Que nuestro pan sea un éxito depende en gran parte de la dosificación correcta de la proporción agua/harina, que llamaremos **Th** (Tasa de hidratación). Si hay demasiada agua, el pan se hunde durante la cocción. Si no hay suficiente, queda demasiado denso o incluso duro. La proporción de agua respecto a la harina varía dependiendo de la máquina y de las harinas que se utilicen.

También hay que tener en cuenta otros factores externos, como el tiempo húmedo o seco, el frío o el calor, la altura, etc. Estas variaciones suelen ser ligeras, pero influyen en la calidad del pan.

En este libro proponemos tres tasas de hidratación diferentes: Th 1, Th 2 y Th 3.

Escoger la tasa de hidratación adecuada

Para saber cuál es la Th apropiada para el modelo de máquina que utilizamos, podemos comprobarla con una de las recetas, utilizando la cantidad de líquido que se indica en la lista de ingredientes (es decir, la Th 1). Si el resultado es insatisfactorio, debemos rectificarlo hasta encontrar la Th adecuada, y conservarlo para las otras recetas. Para comprobar que la Th es correcta, podemos levantar la tapa de la máquina durante el amasado, o mirar a través de la ventanilla. Después de 10 minutos de amasado, ya debemos ver una pasta homogénea (foto n.º 2). Si la pasta está blanda y se pega al borde, significa que hay demasiada agua (foto n.º 3). Añadimos 10 g de harina y esperamos un poco antes de volver a añadir, si es necesario. Si parece que la pasta se rompe y no forma una bola lisa, necesita agua (foto n.º 4). En este caso, la añadimos en cantidades pequeñas (de 10 ml en 10 ml).

Levadura y levadura natural

Cuando hablamos de levadura, siempre se trata de levadura de panadería. Se encuentra en forma deshidratada instantánea, en sobres o en paquetes.

La levadura natural es una mezcla de harina y agua que se deja fermentar. Hoy en día se encuentra en forma deshidratada, muy fácil de utilizar.

Podríamos pensar que cuanta más levadura (o levadura natural) pongamos, más se hinchará el pan: ¡no es cierto! Si ponemos demasiada levadura el pan se hinchará mientras sube, y luego se hundirá irremediablemente durante la cocción. Si el pan, una vez cocido, está ahuecado por la parte de arriba, seguramente es debido a un exceso de levadura.

1

2

3

4

trucos

El *poolish*

El *poolish* es una técnica simple para que los panes y bollos desprendan su aroma. La miga es más elástica y se conserva mejor.

La preparación se realiza en dos fases. La noche anterior, mezclamos la harina, el agua o la leche ligeramente templada, y la levadura o la levadura natural en un cuenco grande. Lo dejamos reposar resguardado de las corrientes de aire toda la noche, tapado con un trapo.

Pasado este tiempo, la masa aumenta de volumen y «hace burbujas». La metemos en la cubeta de la máquina y seguimos las indicaciones de la receta que hayamos escogido.

Bollos y panes cocidos en el horno

Podemos utilizar la máquina para amasar y hacer subir la pasta, terminar la elaboración del pan libremente, dejarlo subir otra vez, y, por último, cocerlo en el horno. Todas las máquinas para hacer pan tienen el programa «sólo masa» que dura entre 1 h y 2 h 20 min, dependiendo de la máquina.

La elaboración

• Cuando se retira la pasta de la máquina, está un poco blanda. Nos enharinamos bien las manos y la superficie de trabajo.

• Para la elaboración de panes «largos», extendemos la masa hasta que formemos un rectángulo. Doblamos la masa en dos, y pegamos los bordes con los dedos. Repetimos la operación una vez. Hacemos rodar la pasta para que tome una forma cilíndrica regular.

• Para las bolas, damos forma de torta a la masa, y la doblamos por debajo hasta obtener una bola.

• La masa se debe «unir» por la parte de abajo si dejamos subir el pan sobre una placa, y por la parte superior si hacemos subir el pan en una cesta de mimbre y «damos la vuelta» a la pasta sobre una placa antes de cocerla.

La subida de la masa

Cuando le hemos dado forma, el pan debe empezar a subir por segunda vez, entre 30 y 60 minutos, cubierto con un trapo.

Las incisiones

Cuando el pan esté listo para meterlo en el horno, le hacemos incisiones por la parte superior con una cuchilla de afeitar o un cúter. Deben realizarse a lo largo, en un ángulo de 30º aproximadamente. Las incisiones hacen que el pan se hinche de manera uniforme.

El «efecto del vaho»

Antes de meter el pan en el horno, echamos un poco de agua hirviendo en la grasera y volvemos a cerrar rápidamente la puerta del horno para que el vaho que se ha formado permanezca en el interior. Este «efecto del vaho» es el secreto de una corteza bien dorada.

Nota:
Cuando decimos:
1 c.s. = 1 cucharada sopera
1 c.c. = 1 cucharadita de las de café

Pan blanco

Programa «pan blanco» o «básico»

270 ml de agua

1 c.s. de aceite de oliva (o de mantequilla)

1 c.c. de zumo de limón

450 g de harina blanca T 55 o T 65

2 $^{1}/_{2}$ c.c. de levadura natural deshidratada

1 $^{1}/_{2}$ c.c. de sal

1 c.c. de azúcar

Th 1: 270 ml • Th 2: 285 ml • Th 3: 300 ml

Variantes
Para obtener un pan más dorado, podemos reemplazar un poco de agua por leche: cuanta más leche pongamos más esponjoso quedará el pan. Si lo preferimos, podemos añadir leche en polvo. En este caso, no modificaremos la cantidad de agua.

Pan de sémola de trigo duro

Programa «pan blanco» o «básico»

270 ml de agua

1 c.s. de aceite de oliva (o de mantequilla)

1 c.c. de zumo de limón

300 g de sémola de trigo fina (o sémola de trigo duro)

150 g de harina blanca T 55 o T 65

2 $^{1}/_{2}$ c.c. de levadura natural deshidratada

1 $^{1}/_{2}$ c.c. de sal

1 c.c. de azúcar

Th 1: 270 ml • Th 2: 285 ml • Th 3: 300 ml

Variantes
Podemos reemplazar $^{1}/_{3}$ de harina blanca de esta receta por harina de escanda.
Podemos añadir pipas de girasol (20 g) cuando suene el «bip» al final del amasado.

Pan moreno

Programa «pan blanco» o «básico»

270 ml de agua

1 c.s. de aceite de oliva (o de mantequilla)

1 c.c. de zumo de limón

450 g de harina morena T 80

2 $^{1}/_{2}$ c.c. de levadura natural deshidratada

1 $^{1}/_{2}$ c.c. de sal

1 c.c. de azúcar

Th 1: 270 ml • Th 2: 285 ml • Th 3: 300 ml

Truco
La materia grasa y el azúcar no son obligatorios, pero hacen que el pan tenga una bonita corteza dorada. Podemos reemplazar el aceite de oliva por mantequilla, por ejemplo. También podemos suprimirlos de todas las recetas.

pan blanco

pan de sémola de trigo duro

pan moreno

Pan multicereales

Programa «pan integral»

280 ml de agua

1 c.s. de aceite de oliva (o de mantequilla)

1 c.c. de zumo de limón

260 g de harina blanca T 55 o T 65

190 g de harina multicereales

2 1/2 c.c. de levadura natural deshidratada

1 1/2 c.c. de sal

1 c.c. de azúcar

Th 1: 280 ml • Th 2: 300 ml • Th 3: 315 ml

Truco
Las harinas multicereales a veces requieren más agua. Podemos comprobar la consistencia de la pasta y volver a añadir agua si es necesario.

Pan de polenta

Programa «pan blanco» o «básico»

210 ml de agua

1 c.s. de aceite de oliva (o de mantequilla)

1 c.c. de zumo de limón

1 huevo batido (como para hacer tortilla)

380 g de harina blanca T 55 o T 65

70 g de sémola de maíz (polenta)

2 1/2 c.c. de levadura natural deshidratada

1 1/2 c.c. de sal

1 c.s. de azúcar

Th 1: 210 ml • Th 2: 225 ml • Th 3: 240 ml

Truco
Un huevo mediano pesa unos 60 g. Si los huevos que tenemos son más pequeños o más grandes, debemos reducir o aumentar la cantidad de agua proporcionalmente.

Variante
Podemos añadir 30 g de pipas de girasol y una pizca de curry para acentuar el bonito color amarillo del pan.

Pan integral

Programa «pan integral»

270 ml de agua

1 c.s. de aceite de oliva

1 c.c. de zumo de limón

300 g de harina morena T 80

150 g de harina integral T 170

2 1/2 c.c. de levadura natural deshidratada

1 1/2 c.c. de sal

1 c.c. de azúcar

Th 1: 270 ml • Th 2: 285 ml • Th 3: 300 ml

Truco
¿Hemos programado un pan integral y no crece? No hay que asustarse... La mayoría de los programas para pan integral empiezan por una fase de reposo, para que la harina pueda humedecerse lentamente al contacto con el líquido.

Variante
La harina T 170 (la más integral) sólo se encuentra en tiendas de productos biológicos. Puede reemplazarse por la T 130 o la T 150, y variar las proporciones de harina morena: obtendremos un pan más o menos denso, más o menos integral.

pan multicereales

pan de polenta

pan integral

Pan de leche

Programa «pan rápido»

270 ml de leche templada

1 c.c. de zumo de limón

450 g de harina blanca T 55 o T 65

2 1/2 c.c. de levadura natural deshidratada

1 c.c. de sal

15 g de mantequilla

1 c.c. de azúcar

Th 1: 270 ml • Th 2: 285 ml • Th 3: 300 ml

Truco
Debemos leer bien el modo de empleo de la máquina. El programa «pan rápido» a veces requiere líquidos ligeramente templados, un poco más de levadura natural y un poco menos de sal. Los panes suelen ser más pequeños y más densos, y tienen un sabor óptimo al cabo de cinco o seis horas.

Pan tradicional

Programa «pan integral»

270 ml de agua

1 c.s. de aceite de oliva (o de mantequilla)

1 c.c. de zumo de limón

310 g de harina de trigo T 110

70 g de harina de centeno

70 g de sémola de maíz

2 1/2 c.c. de levadura natural deshidratada

1 1/2 c.c. de sal

1 c.c. de azúcar

Th 1: 270 ml • Th 2: 285 ml • Th 3: 300 ml

Pan de alforfón

Programa «pan blanco» o «básico»

300 ml de agua

1 c.s. de aceite de oliva (o de mantequilla)

1 c.c. de zumo de limón

375 g de harina blanca T 55 o T 65

75 g de harina de alforfón

2 1/2 c.c. de levadura natural deshidratada

1 1/2 c.c. de sal

1 c.c. de azúcar

Th 1: 300 ml • Th 2: 315 ml • Th 3: 330 ml

Truco
La harina de alforfón absorbe mucha agua. Debemos comprobar la consistencia de la pasta.
La mejor sal para el pan es la poco refinada, como la sal gris de Guérande. No debemos utilizar nunca sal gorda, ya que corremos el riesgo de rayar el revestimiento de la cubeta.

pan de leche

pan tradicional

pan de alforfón

Pan de ciruelas pasas

Programa «pan blanco»

240 ml de agua + 30 ml de leche

300 g de harina blanca T 55 o T 65

150 g de harina T 110 (llamada «integral»)

2 1/2 c.c. de levadura natural deshidratada

1 1/2 c.c. de sal

20 g de mantequilla

2 c.c. de azúcar moreno

8 ciruelas pasas de Agen, deshuesadas y cortadas en trozos

Th 1: 240 ml + 30 ml • Th 2: 250 ml + 35 ml • Th 3: 260 ml + 40 ml

Preparación
Las ciruelas de Agen deben estar en remojo antes de añadirlas a la pasta. Dejamos que se hinchen sumergidas en un té templado, y las escurrimos bien antes de añadirlas cuando suene el «bip».

Variantes
Echamos al té 1 cucharada sopera de licor fuerte (por ejemplo, armañac).
Añadimos algunas nueces antes de que finalice el amasado.

Pan de *muesli*

Programa «pan integral»

270 ml de líquido (50 % leche, 50 % agua)

270 g de harina morena T 80

50 g de harina de centeno

2 1/2 c.c. de levadura natural deshidratada

1 1/2 c.c. de sal

15 g de mantequilla

20 g de miel (o 10 g de melaza)

100 g de *muesli*

40 g de higos secos (4 higos aproximadamente)

20 g de albaricoques secos (2 o 3)

Th 1: 270 ml • Th 2: 285 ml • Th 3: 300 ml

Preparación
En la cubeta, sumergimos el *muesli* y la fruta seca en el líquido templado, y los dejamos unos minutos en remojo, antes de añadir la harina, para que se ablanden un poco.

Variante
La melaza da un sabor fuerte a este pan. Si no nos gusta, en su lugar podemos utilizar miel, que es más dulce.

Pan de salvado con manzana

Programa «pan blanco» o «pan básico»

240 ml de agua + 30 ml de leche

1 c.c. de zumo de limón

200 g de harina blanca T 55 o T 65

210 g de harina morena T 80

25 g de salvado de trigo

2 1/2 c.c. de levadura natural deshidratada

1 1/2 c.c. de sal

1/2 manzana, cortada en dados

15 g de pasas

1 pizca de canela

1 c.s. de gluten (opcional)

Th 1: 240 ml + 30 ml • Th 2: 250 ml + 35 ml • Th 3: 260 ml + 40 ml

Preparación
Añadimos la manzana y las pasas al final del amasado para que queden los trozos.

Trucos
El salvado es especialmente adecuado para estimular los intestinos perezosos. El gluten ayuda a que los panes «densos» se hinchen mejor, no es obligatorio.

Variante
Podemos añadir otras frutas secas (albaricoques, dátiles, higos), y más manzana.

pan de ciruelas pasas

pan de *muesli*

pan de salvado con manzana

Pan de jengibre

Programa «pan blanco»
o «básico»

60 ml de agua + 150 ml de leche

1 c.c. de zumo de limón

350 g de harina morena T 80

2 1/2 c.c. de levadura natural deshidratada

1 1/2 c.c. de sal

3 c.c. de azúcar moreno

120 g de plátanos muy maduros + 50 g de harina blanca T 55

1 c.c. de jengibre (fresco rallado o congelado)

1 c.c. de gluten (opcional)

Th 1: 60 ml + 150 ml • Th 2: 65 ml + 155 ml • Th 3: 70 ml + 160 ml

Preparación
Cuando suene el «bip», antes de que finalice el amasado, añadimos los plátanos cortados a rodajas y la harina T 55, y después el jengibre.

Truco
Los plátanos se «funden» en la pasta y la vuelven bastante pegajosa. Podemos limpiar los bordes con una espátula para mezclarlo bien.

Pan de manzana con pasas, adormidera y coco

Programa «pan blanco»
o «básico»

100 ml de leche + 160 ml de agua

1 c.c. de zumo de limón

450 g de harina morena T 80

60 g manzana rallada

2 1/2 c.c. de levadura natural deshidratada

1 1/2 c.c. de sal

15 g de mantequilla

1 c.s. de azúcar moreno (o azúcar semirrefinado)

10 g de semillas de adormidera

30 g de coco rallado

40 g de pasas

Th 1: 100 ml + 160 ml • Th 2: 110 ml + 160 ml • Th 3: 120 ml + 165 ml

Preparación
Ponemos la manzana rallada con el líquido ligeramente templado. Añadimos la adormidera y el coco con la harina. Echamos las pasas cuando suene el «bip» (al final del amasado).

Pan negro

Programa «pan integral»
o «pan integral rápido»

260 ml de agua

270 g de harina morena T 80

100 g de harina de centeno

80 g de harina integral T 110 o T 150

2 1/2 c.c. de levadura natural deshidratada

1 1/2 c.c. de sal

60 g de melaza

3 c.s. de semillas de alcaravea

1 c.s. de semillas de hinojo

1 c.c. de café soluble en polvo

2 c.c. de cacao en polvo sin azúcar

Th 1: 260 ml • Th 2: 270 ml • Th 3: 285 ml

pan de jengibre

pan de manzana con pasas, adormidera y coco

pan negro

Pan de verduras de primavera

Programa «pan blanco» o «básico»

240 ml de agua

1 c.c. de zumo de limón

250 g de harina blanca T 65

200 g de harina morena T 80

2 1/2 c.c. de levadura natural deshidratada

1 1/2 c.c. de sal

1 c.s. de aceite de oliva

1 c.c. de azúcar

50 g de pimientos rojos y verdes crudos, cortados en dados

50 g de calabacín crudo, cortado en dados

Th 1: 240 ml • Th 2: 255 ml • Th 3: 270 ml

Preparación

Ponemos los pimientos al principio del amasado. Añadimos el calabacín al final del amasado, cuando suene el «bip». Como las verduras están más o menos llenas de agua, debemos comprobar cómo está la pasta.

Variante

Podemos reemplazar 100 g de harina T 80 por harina de escanda para realzar el sabor.

Pan de *kamut* con avellanas

Programa «pan blanco» o «básico»

270 ml de agua

1 c.s. de aceite de oliva (o de mantequilla)

1 c.c. de zumo de limón

350 g de harina blanca T 55 o T 65

100 g de harina de *kamut*

2 1/2 c.c. de levadura natural deshidratada

1 1/2 c.c. de sal

1 c.c. de azúcar

30 g de avellanas

Th 1: 270 ml • Th 2: 285 ml • Th 3: 300 ml

Preparación

Añadimos las avellanas enteras al final del amasado, cuando suene el «bip».

Consejo

La harina de *kamut* se encuentra fácilmente en tiendas de productos biológicos.

Pan de leche con zanahoria y pasas

Programa «pan azucarado» o «pan dulce»

230 ml de leche templada

1 c.c. de zumo de limón

350 g de harina blanca T 55 o T 65

100 g de harina integral T 150

2 1/2 c.c. de levadura natural deshidratada

1 1/2 c.c. de sal

1 c.c. de mantequilla

1 c.c. de azúcar moreno

100 g de zanahorias crudas, ralladas

40 g de pasas, que se añaden cuando suene el «bip»

40 g de coco rallado, que se añade cuando suene el «bip»

Th 1: 230 ml • Th 2: 245 ml • Th 3: 260 ml

Variante

Si queremos hacer un pan para merendar, aumentamos un poco la cantidad de azúcar y añadimos una pizca de canela.

pan de verduras de primavera

pan de *kamut* con avellanas

pan de leche con zanahorias y pasas

Pan de nueces con queso Bleu d'Auvergne

Programa «pan blanco» o «básico»

270 ml de agua

1 c.s. de aceite de oliva (o de mantequilla)

1 c.c. de zumo de limón

380 g de harina blanca T 55 o T 65

70 g de harina de centeno

2 1/2 c.c. de levadura natural deshidratada

1 1/2 c.c. de sal

1 c.c. de azúcar

50 g de queso Bleu d'Auvergne, cortado en dados

30 g de nueces

Th 1: 270 ml • Th 2: 285 ml • Th 3: 300 ml

Truco
Comprobamos cómo está la pasta. Si está demasiado blanda, añadimos un poco de harina blanca (de 10 g en 10 g).

Variantes
Reemplazamos el queso Bleu por roquefort o cualquier otro queso de pasta azul.

Pan al curry

Programa «pan blanco» o «básico»

270 ml de agua

1 c.s. de aceite de oliva

1 c.c. de zumo de limón

450 g de harina blanca T 55 o T 65

2 1/2 c.c. de levadura natural deshidratada

1 1/2 c.c. de sal

1 c.c. de azúcar

1 c.c. de pasta de curry o de curry en polvo

30 g de pipas de girasol

Th 1: 270 ml • Th 2: 285 ml • Th 3: 300 ml

Preparación
Añadimos las pipas de girasol cuando suene el «bip». Si nos gustan los sabores fuertes, podemos intensificar el sabor del pan ajustando la cantidad o la intensidad de la pasta de curry.

Variante
Para obtener un pan más integral, reemplazamos 100 g de harina T 65 por 100 g de harina T 80 o T 110.

Pan de harina de cáñamo

Programa «pan blanco» o «básico»

300 ml de agua

1 c.s. de aceite de oliva

1 c.c. de zumo de limón

350 g de harina blanca T 55 o T 65

50 g de harina integral T 130 o T 150

50 g de harina de cáñamo

2 1/2 c.c. de levadura natural deshidratada

1 1/2 c.c. de sal

1 c.s. de azúcar moreno

Th 1: 300 ml • Th 2: 315 ml • Th 3: 330 ml

Variante
Si nos gustan los panes con sabor fuerte, podemos aumentar el porcentaje de harina de cáñamo al 25% del peso total de la harina. En este caso, el pan se vuelve de color marrón oscuro y la miga es más espesa.

Nota
La harina de cáñamo, que se puede encontrar en tiendas de productos biológicos, no contiene ningún psicotrópico, y es de venta libre.

pan de nueces con queso Bleu d'Auvergne

pan al curry

pan de harina de cáñamo

Bollo de anís y ajenjo

Programa «azucarado»
o «pan dulce»

100 ml de leche

1 huevo entero batido (como para hacer tortilla)

1 c.c. de zumo de limón

20 ml de aperitivo a base de ajenjo

350 g de harina T 45

1 c.c. de levadura de panadería instantánea

1 c.c. de sal

50 g de mantequilla

40 g de azúcar + 1 sobre de azúcar avainillado

2 c.s. de granos de anís

Th 1: 100 ml + 20 ml • Th 2: 110 ml + 20 ml • Th 3: 120 ml + 20 ml

Preparación
Añadimos los granos de anís al final del amasado, cuando suene el «bip».

Truco
Si no tenemos ajenjo, podemos reemplazarlo por un aperitivo anisado o una bebida anisada sin alcohol.

Bollo a base de *poolish*

Programa «azucarado»
o «pan dulce»

El día anterior, preparamos el *poolish* (*véase p. 6*) con 150 g de harina T 45 + 150 ml de leche + 1 pizca de levadura deshidratada instantánea.

El mismo día, ponemos el *poolish* en la máquina y añadimos:

2 huevos batidos (como para hacer tortilla)

1 c.c. de zumo de limón

225 g de harina T 45

85 g de mantequilla derretida

1 c.s. de agua de azahar

1 c.c. de sal

1/2 c.c. de levadura de panadería instantánea

40 g de azúcar + 1 sobre de azúcar avainillado

Todo el líquido va en el *poolish*. Para las Th 2 y Th 3, podemos añadir un poco de leche si consideramos que la pasta está demasiado seca.

Preparación
Comprobamos cómo está la pasta al cabo de unos diez minutos: debe quedar más blanda que la del pan.

Pannetone

Programa «azucarado»
o «pan dulce»

El día anterior, preparamos el *poolish* (*véase p. 6*) con 100 g de harina blanca T 55 mezclada con 100 ml de leche templada + 1 pizca de levadura de panadería instantánea.

El mismo día, ponemos el *poolish* en la máquina y añadimos:

2 huevos enteros batidos (como para hacer tortilla)

250 g de harina T 45

1 c.c. de levadura de panadería instantánea

1/2 c.c. de sal

60 g de mantequilla

40 g de azúcar + 1 sobre de azúcar avainillado

40 g de pasas

40 g de fruta confitada variada

la corteza de un limón y de una naranja

Todo el líquido va en el *poolish*. Podemos añadir un poco de leche si consideramos que la pasta está demasiado seca.

bollo de anís y ajenjo

bollo a base de *poolish*

pannetone

Bollo de pasas con cardamomo

Programa «azucarado» o «pan dulce»

130 ml de leche

2 c.s. de azahar

2 huevos batidos (como para hacer tortilla)

375 g de harina T 45

1 c.c. de levadura de panadería instantánea

1 c.c. de sal

80 g de mantequilla, cortada en trocitos

2 c.s. de azúcar moreno + 2 sobres de azúcar avainillado

50 g de pasas

1 pizca de cardamomo en polvo

1 pizca de cúrcuma (para dar color, opcional)

Th 1: 130 ml • Th 2: 140 ml • Th 3: 150 ml

Preparación
Ponemos los huevos y el líquido, y a continuación la harina y la mantequilla. Añadimos la sal, el azúcar y la levadura (la levadura no debe entrar en contacto con la sal). Añadimos las pasas cuando suene el «bip». Lo paramos 15 minutos antes de que finalice el programa de cocción.

Variante
Dejamos macerar las pasas en Marc de Bourgogne, antes de añadirlas a la preparación.

Bollo de miel y mantequilla salada

Programa «pan blanco rápido» o «básico rápido»

240 ml de líquido (50 % agua, 50 % leche)

1 c.c. de zumo de limón

40 g de miel

450 g de harina blanca T 55 o T 65

2 ½ c.c. de levadura natural deshidratada

1 c.c. de sal

40 g de mantequilla salada

Th 1: 240 ml • Th 2: 255 ml • Th 3: 270 ml

Trucos
Antes de comer el pan, esperamos a que esté bien frío. Si la miel es espesa, la calentamos unos minutos para que se vuelva líquida.

Bollo con cortezas de naranja confitada

Programa «azucarado» o «pan dulce»

120 ml de leche

1 c.c. de zumo de limón

2 yemas de huevo

350 g de harina T 45 (para repostería)

1 c.s. de Cointreau

1 c.c. de levadura de panadería instantánea

1 c.c. de sal

80 g de mantequilla

40 g de azúcar + 1 sobre de azúcar avainillado

50 g de corteza de naranja confitada, cortada en trocitos

Th 1: 120 ml de leche • Th 2: 130 ml de leche • Th 3: 140 ml de leche

Preparación
Comprobamos cómo está la pasta (ligeramente más blanda que la del pan). Añadimos la corteza de naranja confitada al final del amasado, cuando suene el «bip».

Variantes
Podemos reemplazar el Cointreau por agua de azahar.

bollo de pasas con cardamomo

bollo de miel y mantequilla salada

bollo con cortezas de naranja confitada

Baguette

Programa «sólo masa»
o «masa para pizza»

360 ml de agua

1 1/2 c.s. de aceite de oliva

1 c.c. de zumo de limón

420 g de harina blanca T 55

90 g de harina integral T 130

90 g de harina de escanda

3 1/2 c.c. de levadura natural deshidratada

2 c.c. de sal

2 c.c. de azúcar

Th 1: 360 ml • Th 2: 380 ml • Th 3: 400 ml

Preparación
Cuando termine el programa, dividimos la pasta en cuatro partes. Para dar forma a las *baguettes*, extendemos la masa en forma de rectángulo, la doblamos una vez hacia nosotros, pegamos los bordes con los dedos, repetimos dos veces la misma operación, hacemos rodar los rollos de masa, con la parte que hemos «pegado» hacia abajo. Dejamos que suban sobre una placa unos 30 minutos. Precalentamos el horno a 220º C. Hacemos cuatro o cinco cortes en la parte superior. Lo metemos en el horno y lo dejamos cocer 20 minutos. No debemos olvidar el «efecto del vaho» antes de meterlo en el horno. Sacamos las *baguettes* cuando estén bien doradas.

Panecillos

Programa «sólo masa»
o «masa para pizza»

El día anterior, preparamos el *poolish* (*véase p. 6*) con 100 g de harina blanca T 55 o T 65, 100 ml de agua + 1 pizca de levadura de panadería instantánea.

El mismo día, ponemos el *poolish* en la máquina y añadimos:

150 ml de leche

150 g de harina T 55 o T 65

150 g de harina de escanda T 70

1 c.c. de levadura natural deshidratada

1 1/2 c.c. de sal

15 g de mantequilla

1 c.c. de azúcar moreno

semillas de sésamo, de adormidera, de comino, de alcaravea, de lino, etc.

Th 1: 100 ml + 150 ml • Th 2: 100 ml + 160 ml • Th 3: 100 ml + 180 ml

Preparación
Al sacar la masa de la máquina, formamos panecillos de unos 60 g cada uno, y dejamos que suban 30 minutos, resguardados de las corrientes de aire. Precalentamos el horno a 220º C. Los bañamos en agua salada y los cubrimos de las semillas que escojamos, presionándolas un poco. A continuación, hacemos unos cortes en la parte superior de los panecillos. Los metemos en el horno y los dejamos cocer 20 minutos. Vamos controlando la cocción. Sacamos los panecillos cuando estén bien dorados.

Pan margarita

Programa «sólo masa»
o «masa para pizza»

220 ml de agua

1 c.s. de aceite de oliva

1 c.c. de zumo de limón

300 g de harina blanca T 55 o T 65

50 g de harina de *kamut*

2 c.c. de levadura natural deshidratada

1 1/2 c.c. de sal

1 c.c. de azúcar

Th 1: 220 ml • Th 2: 230 ml • Th 3: 240 ml

Preparación
Si la pasta está demasiado seca, añadimos agua en pequeñas cantidades (10 ml). Al final del programa, formamos seis bolitas. Colocamos una en medio y las otras a su alrededor, sobre una placa (o molde para tarta), bastante separadas unas de otras (unos 0,5 cm). Se unirán cuando suban y con la cocción. Dejamos que suba 30 minutos, resguardado de las corrientes de aire. Precalentamos el horno a 220º C. Hacemos unos cortes superficiales en las bolas de pan y enharinamos la parte superior. Lo metemos en el horno, y lo dejamos cocer unos 25 minutos. No debemos olvidar el «efecto del vaho». Si el pan se dora demasiado rápido, lo cubrimos con una hoja de papel de aluminio.

baguette

panecillos

pan margarita

Pan de sémola y castaña

Programa «sólo masa» o «masa para pizza»

270 ml de agua

1 c.s. de aceite de oliva

1 c.c. de zumo de limón

300 g de sémola fina de trigo duro

100 g harina blanca T 55 o T 65

50 g de harina de castaña

2 1/2 c.c. de levadura natural deshidratada

1 1/2 c.c. de sal

1 c.c. de azúcar

Th 1: 270 ml • Th 2: 285 ml • Th 3: 300 ml

Preparación

Comprobamos cómo está la pasta; a veces la harina de castaña requiere más agua. Enharinamos la superficie de trabajo. Con la pasta, formamos tres rollos grandes, los trenzamos de manera que no queden muy apretados, y los enrollamos en forma de caracol. Dejamos que suba unos 30 minutos sobre una placa, resguardado de las corrientes de aire. Precalentamos el horno a 220º C. Lo metemos en el horno, y lo dejamos cocer 35 minutos. Bajamos la temperatura del horno si el pan se cuece demasiado rápido. Cuando hayamos sacado el pan del horno, lo dejamos enfriar sobre una rejilla.

Pan moreno con escanda y pipas de girasol

Programa «sólo masa» o «masa para pizza»

270 ml de agua

1 c.c. de zumo de limón

1 c.s. de aceite de oliva

350 g de harina morena T 80

100 g de harina de escanda T 70

2 1/2 c.c. de levadura natural deshidratada

1 1/2 c.c. de sal

1 c.c. de azúcar

30 g de pipas de girasol

Th 1: 270 ml • Th 2: 285 ml • Th 3: 300 ml

Preparación

Añadimos las pipas de girasol cuando suene el «bip» al final del amasado. Algunas harinas integrales absorben más agua. Si la masa está demasiado seca, añadimos un poco de agua (de 10 ml en 10 ml). Una vez terminado el programa, sacamos la pasta de la cubeta y le damos forma. Dejamos que suba unos 30 minutos, resguardada de las corrientes de aire. Precalentamos el horno a 220º C. Damos la vuelta a la masa sobre una placa. Hacemos unos cortes en la parte superior del pan. Lo metemos en el horno, y lo dejamos 30 minutos. No debemos olvidar el «efecto del vaho». Sacamos el pan, y lo dejamos enfriar.

Pan de harina de *kamut*

Programa «sólo masa» o «masa para pizza»

270 ml de agua

1 c.s. de aceite de oliva (o de mantequilla)

1 c.c. de zumo de limón

350 g de harina de trigo blanca T 55 o T 65

100 g de harina de *kamut*

2 1/2 c.c. de levadura natural deshidratada

1 1/2 c.c. de sal

1 c.c. de azúcar

Th 1: 270 ml • Th 2: 285 ml • Th 3: 300 ml

Preparación

Cuando se haya terminado el programa, sacamos la pasta de la cubeta. Le damos forma, retorciéndola sobre si misma. Dejamos que suba unos 30 minutos, en una cesta larga, resguardada de las corrientes de aire. Precalentamos el horno a 220º C. Damos la vuelta a la masa sobre una placa. La metemos en el horno, y la dejamos cocer unos 30 minutos. Sacamos el pan, y lo dejamos enfriar sobre una rejilla.

Consejo

La harina de *kamut* se encuentra en las tiendas de productos biológicos.

pan de sémola y castaña

pan moreno con escanda y pipas de girasol

pan de harina de *kamut*

Pan integral de cereales y avellanas

Programa «sólo masa» o «masa para pizza»

280 ml de agua

1 c.c. de zumo de limón

450 g de harina de cinco cereales

2 1/2 c.c. de levadura natural deshidratada

1 1/2 c.c. de sal

1 c.s. de aceite de oliva

1 c.c. de miel

30 g de avellanas

Th 1: 280 ml • Th 2: 295 ml • Th 3: 310 ml

Preparación
Añadimos las avellanas cuando suene el «bip» al final del amasado. Cuando termine el programa, sacamos la pasta de la cubeta. Le damos forma, y dejamos que suba unos 45 minutos, resguardada de las corrientes de aire. Precalentamos el horno a 220º C. Damos la vuelta a la masa sobre una placa. Hacemos unos cortes en la parte superior del pan. Lo metemos en el horno, y lo dejamos unos 30 minutos. Sacamos el pan, y lo dejamos enfriar sobre una rejilla.

Baguette espiga

Programa «sólo masa» o «masa para pizza»

El día anterior, preparamos el *poolish* (*véase p. 6*) con 150 g de harina blanca T 55 mezclada con 150 ml de agua + 1/2 c.c. de levadura natural deshidratada.

El mismo día, ponemos el *poolish* en la máquina y añadimos:

210 ml de agua

1 c.c. de zumo de limón

225 g de harina T 55 o T 65

225 g de harina de escanda

2 c.c. de levadura natural deshidratada

2 c.c. de sal

Th 1: 150 ml + 210 ml • Th 2: 150 ml + 230 ml • Th 3: 150 ml + 250 ml

Preparación
Dividimos la pasta en cuatro trozos. Extendemos la masa en forma de rectángulo, la doblamos una vez hacia nosotros y pegamos los bordes con los dedos. Repetimos la operación dos veces, y hacemos rodar los rollos de masa, con la parte que hemos «pegado» hacia abajo. Dejamos que suban 30 minutos sobre una placa. Precalentamos el horno a 220º C. Para formar las espigas, cortamos la masa con unas tijeras por la parte de arriba sin llegar al extremo. A continuación, sin volver a abrir las tijeras, acompañamos la masa hacia los lados, a derecha y a izquierda alternativamente. Lo metemos en el horno, y lo dejamos cocer unos 20 minutos.

Chapata

El programa de amasado más corto (15 minutos máximo)

230 ml de agua (o más) para obtener una pasta muy blanda

2 c.s. de aceite de oliva

250 g de harina blanca T 55o T 65

50 g de harina de centeno

50 g de harina morena T 80

2 c.c. de levadura natural deshidratada

1 c.c. de sal

Th: entre 230 y 250 ml de agua, o más, para obtener una pasta muy blanda (pero que no se deshaga).

Preparación
En la máquina apagada, dejamos que la pasta suba durante una hora y media. Enharinamos un papel vegetal grande y colocamos la pasta, muy blanda, encima, en forma de rectángulo. Levantamos los lados del papel vegetal (como un papillote) para envolver la pasta, a fin de que conserve la forma rectangular y no suba. Lo dejamos reposar 30 minutos. Precalentamos el horno a 220º C. Abrimos el papillote, y cortamos el papel que sobra alrededor del pan. Lo metemos en el horno, y lo dejamos 20 minutos. La corteza tiene que quedar blanda.

pan integral de cereales y avellanas

baguette espiga

chapata

Hogaza de aceitunas y tomates secados

Programa «sólo masa» o «masa para pizza»

210 ml de agua

2 c.s. de aceite de oliva

350 g de harina blanca T 55 o T 65

1 c.c. de sal bien colmada

1 c.c. de levadura de panadería instantánea

30 g de tomates secados rehidratados

20 g de aceitunas verdes y negras

Th 1: 210 ml • Th 2: 220 ml • Th 3: 230 ml de agua

Preparación
Añadimos los tomates y las aceitunas, y 30 g de harina al final del amasado. Sacamos la pasta después de que haya subido 30 minutos en la máquina. La doblamos en dos, le damos un cuarto de vuelta, la doblamos en dos, etc. Extendemos la masa, le hacemos unos cortes, y la estiramos para agrandar los huecos. La dejamos subir 20 minutos, resguardada de las corrientes de aire. La bañamos en agua salada. Precalentamos el horno a 220º C. La metemos y bajamos la temperatura a 210º C. La dejamos cocer entre 20 y 25 minutos. No debemos olvidar el «efecto del vaho», y vamos controlando la cocción. Podemos comerla al momento o durante el día.

Pan de sémola

Programa «sólo masa» o «masa para pizza»

125 ml de agua

1 c.s. de aceite de oliva

1 c.c. de zumo de limón

225 g de sémola fina de trigo duro

1 c.c. de levadura de panadería instantánea

1 c.c. de sal

Th 1: 125 ml • Th 2: 130 ml • Th 3: 135 ml

Preparación
Añadimos un poco de agua durante el amasado si vemos que la pasta está demasiado seca. Al finalizar el programa, sacamos la pasta de la cubeta y dejamos que suba 1 hora en un molde para tarta del tamaño de la sartén que utilizaremos, cubierto con un trapo, resguardado de las corrientes de aire. Calentamos una sartén, sin materia grasa. Ponemos la pasta después de que haya subido bien, y la cocemos tapada a fuego vivo unos 10 minutos por cada lado. Este pan, que se cuece deprisa, se seca bastante rápido, y debe consumirse inmediatamente. Tradicionalmente, no se corta con cuchillo, sino que los comensales lo «despedazan» con los dedos.

Masa para pizza

Programa «sólo masa» o «masa para pizza»

210 ml de agua

2 c.s. de aceite de oliva

350 g de harina blanca T 55 o T 65

1 c.c. de levadura de panadería instantánea o 2 c.c. de levadura natural deshidratada

1 c.c. de sal

1 c.c. de azúcar

Th 1: 210 ml • Th 2: 220 ml • Th 3: 230 ml

Preparación
Precalentamos el horno a 220º C. Una vez terminado el programa, extendemos la masa para pizza sobre una placa. Cubrimos la masa con concentrado de tomate y añadimos la guarnición al gusto. La metemos en el horno, y la dejamos cocer entre 15 y 20 minutos.

Trucos
Las pizzas se pueden comer inmediatamente... o se pueden congelar sin ningún problema. Hacemos una pizza grande, la cortamos en porciones pequeñas, y las ponemos en bolsitas individuales. Se descongelan fácilmente, poniéndolas unos minutos en el horno caliente.

hogaza de aceitunas y tomates secados

pan de sémola

masa para pizza

Rosco

Programa «sólo masa»

El día anterior, preparamos el *poolish* con 150 g de harina T 45 mezclada con 150 ml de leche + 1 pizca de levadura de panadería instantánea.

El mismo día, ponemos el *poolish* en la máquina y añadimos:

2 huevos batidos (como para hacer tortilla)

1 c.c. de zumo de limón

2 c.s. de agua de azahar

300 g de harina T 45

1/2 c.c. de levadura de panadería instantánea

1 c.c. de sal

120 g de mantequilla

45 g de azúcar + 2 sobres de azúcar avainillado

100 g de fruta confitada variada; 1 yema de huevo; 10 g de granos de azúcar (para decorar)

Th 1: 150 ml • Th 2: 150 ml • Th 3: 150 ml + 15 ml

Preparación

Añadimos la fruta confitada al final del amasado, cuando suene el «bip». Formamos un rosco con un hueco muy grande en medio y lo dejamos subir cubierto con un trapo durante 1 hora. Precalentamos el horno a 180º C. Lo bañamos en yema de huevo mezclada con un poco de agua. Espolvoreamos los granos de azúcar. Lo metemos en el hornoy lo dejamos cocer 30 minutos.

Trenza

Programa «sólo masa»

El día anterior, preparamos el *poolish* con 150 g de harina T 45 mezclada con 150 ml de leche + 1 pizca de levadura deshidratada instantánea.

El mismo día, ponemos el *poolish* en la máquina y añadimos:

3 yemas de huevo

vainilla líquida

1 c.c. de zumo de limón

260 g de harina T 45

1/2 c.c. de levadura de panadería instantánea

1 c.c. de sal

70 g de mantequilla

30 g de azúcar + 2 sobres de azúcar avainillado

Th 1: 150 ml en el *poolish* • Th 2: 150 ml en el *poolish* • Th 3: 150 ml en el *poolish* + 15 ml al día siguiente

Preparación

Comprobamos cómo está la pasta; tiene que ser más blanda que la del pan. Cuando termine el programa, la dividimos en seis partes. Les damos forma. Cogemos tres rollos de masa y los trenzamos, sobre una placa, de manera que no queden muy apretados. Hacemos lo mismo para hacer la otra trenza. Lo dejamos subir 40 minutos. Precalentamos el horno a 220º C. Lo metemos en el horno, bajamos la temperatura a 180º C, y lo dejamos cocer 20 minutos.

Stollen

Programa «sólo masa»

100 ml de leche

1 huevo batido (como para hacer tortilla)

380 g de harina T 45

1 c.c. de levadura de panadería instantánea

1/2 c.c. de sal

100 g de mantequilla

70 g de azúcar

1 sobre de azúcar avainillado

100 g de pasas

50 g de almendras

25 g de nueces

20 g de albaricoques secos

25 g de naranja confitada

20 g de mantequilla derretida

azúcar glas

Th 1: 100 ml • Th 2: 110 ml • Th 3: 120 ml

Preparación

Añadimos la fruta seca (macerada en una mezcla de ron y agua templada) al final del amasado, cuando suene el «bip». Al finalizar el programa, formamos un pan largo. Lo dejamos subir 1 hora, resguardado de las corrientes de aire. Precalentamos el horno a 180º C. Lo metemos en el horno y lo dejamos cocer 40 minutos. Lo sacamos y lo cubrimos con la mantequilla derretida, sobre la que espolvorearemos una gruesa capa de azúcar glas.

rosco

trenza

stollen

más trucos

Levadura, levadura natural y subida de la masa

• Podríamos pensar que, cuanta más levadura (o levadura natural deshidratada) pongamos, más se hinchará el pan. ¡No es cierto! Si ponemos demasiada levadura, el pan se hinchará mientras sube, y luego se hundirá durante la cocción.

• El tiempo de la subida de la masa es aproximado. Depende de la temperatura de la habitación en la que suba la masa. La subida de la masa dura más en invierno, y puede reducirse en verano. Las condiciones atmosféricas también influyen (si hace un tiempo más o menos húmedo, o tormentoso).

• Hay una buena manera de ver si el pan está listo para meterlo en el horno: hundimos un dedo en la pasta. Si la marca se borra inmediatamente, podemos esperar un poco. Si la marca se borra lentamente, el pan está listo para meterlo en el horno. Si la marca no se borra, hay que darse prisa: ¡ha subido demasiado!

Ingredientes

• Todos los ingredientes han de estar a la misma temperatura. No dudemos en pasar los líquidos por el microondas unos segundos para templarlos (especialmente si salen del frigorífico).

Conservación del pan

• Las máquinas están preparadas para «mantener el pan caliente» una hora después de que termine la cocción. Pero es mejor sacar el pan en cuanto finalice el programa si queremos evitar que se ablande.

• Nunca debemos cortar el pan al sacarlo de la máquina, ya que el cuchillo se pegaría a la miga. Esperaremos a que se enfríe sobre una rejilla.

• El pan se conserva muy bien envuelto en un trapo. Los mejores son los de lino y algodón: dejan pasar la humedad e impiden que el pan se seque demasiado, pero cuidado: debemos lavarlos sólo con agua clara, sin jabón, si no queremos que el pan huela a... ¡jabón!

• No dudemos en congelar el pan cortado en rebanadas, cuando todavía esté fresco. No es necesario descongelarlo. Sólo hay que pasarlo por la tostadora, y cada mañana tendremos panes y bollos como recién salidos del horno.

• Los bollos y panes que contienen muchos huevos son más delicados, y deben consumirse más rápido.

Título original: *Du bon pain*

Pérez Galdós, 36 - 08012 Barcelona
www.rbalibros.com / rba-libros@rba.es

Primera edición: junio 2007
Segunda edición: febrero 2010

ISBN: 9788478714773
Ref. OLPG061
Composición: Anglofort, S.A.
Impreso por Egedsa
Dep. legal: B-3917-2010